Lernen mit Sternen

Lesen und Schreiben

für 6- bis 7-Jährige

PARRAGON

Bath • New York • Singapore • Hong Kong • Cologne • Delhi
Melbourne • Amsterdam • Johannesburg • Shenzhen

Inhalt

Sinnvoll beim Lernen helfen

◆ Die Arbeit mit diesem Buch soll Ihrem Kind Spaß machen. Finden Sie einen ruhigen, aufgeräumten Platz, um sich mit dem Buch zu beschäftigen.

◆ Ihr Kind muss eine angefangene Seite nicht immer zu Ende durcharbeiten. Hören Sie auf, wenn das Kind ermüdet. Beim nächsten Mal fahren Sie an dieser Stelle fort.

◆ Beachten Sie die Reihenfolge. Die Übungen werden immer schwieriger.

◆ Alle Lösungen finden Sie auf Seite 32.

◆ Ermutigung und Lob sind das Allerwichtigste!

◆ Ein goldener Sternen-Sticker belohnt die Lösung, aber auch das Bemühen.

Farbwörter suchen

⭐ Kannst du die Farbwörter im Buchstabenraster finden? Suche quer, abwärts, diagonal und aufwärts.

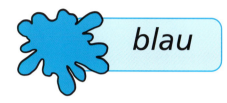
blau

grün

rot

orange

g	i	o	s	a	n	ß	e
l	r	a	c	n	i	y	g
i	c	n	h	e	r	e	e
l	h	ü	w	w	n	g	l
a	b	r	a	u	n	n	b
r	l	g	r	o	s	a	a
l	a	e	z	ß	s	r	l
e	u	l	a	u	r	o	t

gelb

rosa

lila

weiß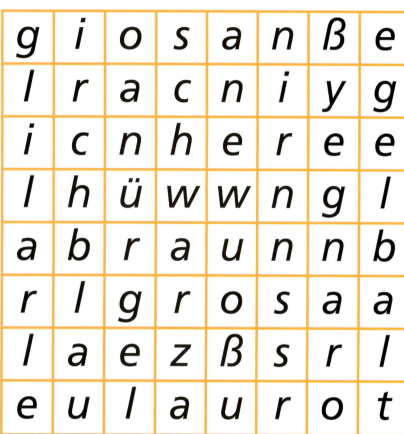

braun

schwarz

Hinweis: Diese Übung fördert die Konzentration auf die korrekte Buchstabenfolge.

3

In der Tasche

 Lies die Liste mit den Sachen aus den Taschen.

Tasche 1

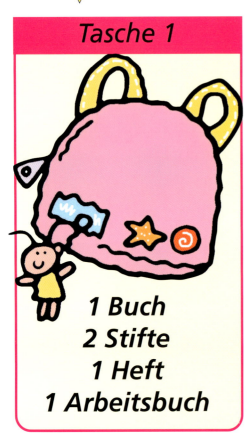

1 Buch
2 Stifte
1 Heft
1 Arbeitsbuch

Tasche 2

1 Mäppchen
Frühstück
2 Bücher
Sticker

Tasche 3

3 Stifte
2 Bücher
1 Heft
Frühstück
Schlüssel

 Beantworte die Fragen, und schreibe die richtige Taschennummer in die Kästchen.

1 Wo sind Schlüssel? ☐

2 Wo sind 2 Bücher? ☐

3 Wo ist 1 Arbeitsbuch? ☐

4 Wo sind Stifte? ☐

5 Wo ist 1 Mäppchen? ☐

4

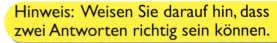

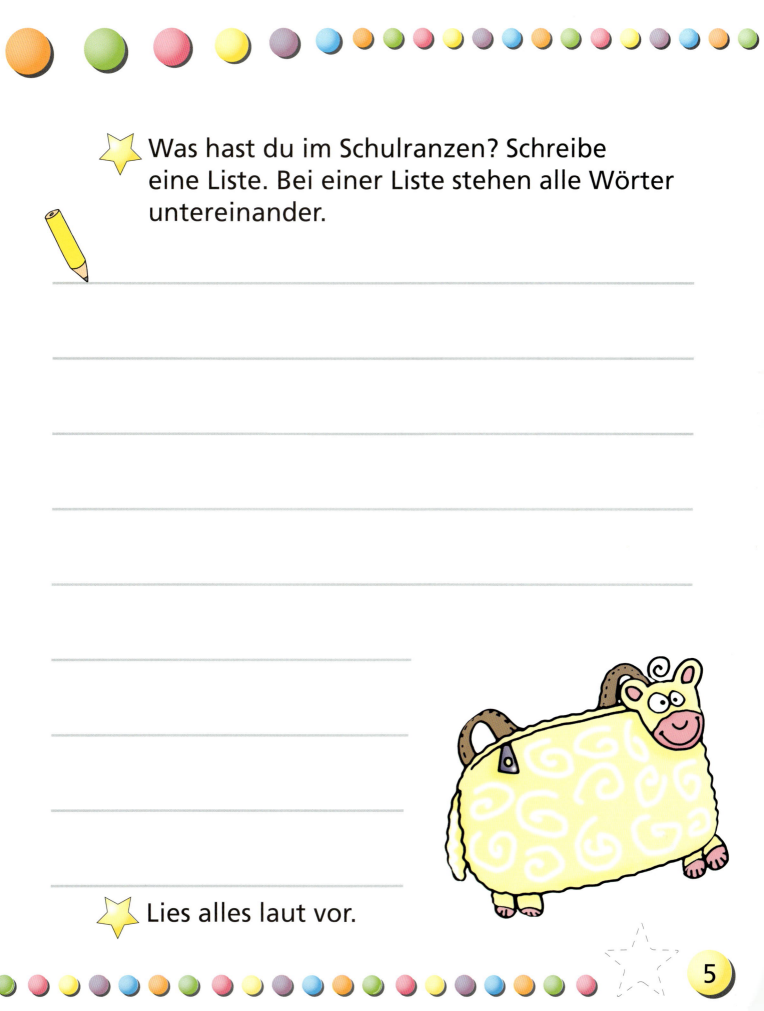

Was hast du im Schulranzen? Schreibe eine Liste. Bei einer Liste stehen alle Wörter untereinander.

Lies alles laut vor.

Feriengepäck

 Tim und Nina fahren in Urlaub. Lies, was sie in ihre Koffer packen.

Tim

4 T-Shirts
2 Pullis
2 Jeanshosen
3 Shorts
Badehose
Schuhe
Jacke
Socken
Unterwäsche
blaue Sonnen-
brille

Nina

2 Blusen
3 T-Shirts
1 Kleid
Unterwäsche
1 Jeanshose
2 Shorts
Bikini
Jacke
Schuhe
Socken
gelbe Sonnenbrille

 Beantworte die Fragen. Mach ein Häkchen (✓) beim richtigen Koffer.

Tim   Nina

1 Wer hat 1 Jeans?

2 Wer hat eine blaue Sonnenbrille?

3 Wer hat 4 T-Shirts?

4 Wer hat 2 Blusen?

Hinweis: Hier wird das Lesen von Listen geübt.

Das haben Tim und Nina am ersten Tag vor.

08:00	*Frühstück*
09:00	*ins Museum gehen*
11:00	*am Fluss spazieren gehen*
12:30	*Mittagessen*
14:15	*im Pool schwimmen*
15:30	*Spiele machen*
17:00	*zum Abendessen umziehen*

Beantworte die Fragen auf den Linien.

1 **Wann gehen sie schwimmen?**

_____

2 **Was tun sie um 9 Uhr?**

_____

3 **Was tun sie nach dem Museumsbesuch?**

_____

Tierfutter

⭐ Verbinde die Tierfutterpackungen mit dem richtigen Haustier.

Hinweis: Hier wird das Lesen von Etiketten geübt.
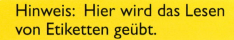

Ein Plakat

⭐ Schau dir das Plakat genau an, und beantworte dann die Fragen.

1 **Wozu lädt euch das Plakat ein?** _____

2 **Um wie viel Uhr schließt die Kirmes?** _____

3 **Wie viel kostet eine Eintrittskarte?** _____

4 **Gibt es auch Essen?** _____

Im Kinderzimmer

 Lies die Aufgaben, und ergänze das Bild.

1 **Male zwei Kissen aufs Bett.**

2 **Male zwei Spielzeuge in die Kiste.**

3 **Male den Teppich bunt an.**

4 **Male die Nachttischlampe bunt an.**

5 **Male ein Buch auf den Tisch.**

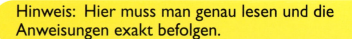

Hinweis: Hier muss man genau lesen und die Anweisungen exakt befolgen.

Verrückter Supermarkt

⭐ In diesem Supermarkt passieren verrückte Dinge. Lies die Sätze, und mache ein Häkchen (✓) bei *richtig* oder *falsch*.

	richtig	falsch
1 Der Clown jongliert mit Obst.	☐	☐
2 Im Supermarkt sind zwei Giraffen.	☐	☐
3 Ein König schiebt einen Einkaufswagen.	☐	☐
4 Ein Mann liegt auf einem Skateboard.	☐	☐
5 Der Tiefseetaucher trägt drei Fische.	☐	☐

Katz und Maus

⭐ Bringe die Bilder in die richtige Reihenfolge.
Schreibe die Ziffern 1–4 in die Kästchen.

Die Maus frisst den Käse.

Die Maus sieht ein Stück Käse.

Die Katze jagt die Maus.

Der Hund jagt die Katze.

Hinweis: Diese Übung erfordert Logik und trainiert das sinnvolle Nacherzählen.

Monsterkekse

⭐ Bringe die Bilder in die richtige Reihenfolge.
Schreibe die Ziffern 1–4 in die Kästchen.

Wer frisst die Kekse?

Jetzt sind es nur noch drei.

Ein Monster hat alle Kekse aufgefressen.

Das ist ein Teller voller Kekse.

Bringe die Bilder in die richtige Reihenfolge.
Schreibe die Ziffern 1–4 in die Kästchen.

Der Zauberer sucht nach dem Rezept für ein Gebräu.

„Perfekt", sagt der Zauberer.

Dann spricht er den Zauberspruch.

Er vermischt alle Zutaten.

Ein Brief an Oma

 Bringe die Bilder in die richtige Reihenfolge.
Schreibe die Ziffern 1–6 in die Kästchen.

Der Oma gefällt das Bild.

Dann verschickt er ihn.

Nicki malt ein Bild für seine Oma.

Der Postbote holt die Briefe aus dem Kasten.

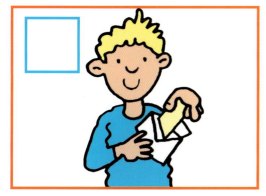

Er steckt das Bild in einen Umschlag.

Ein anderer Postbote bringt den Brief.

Sechs Unterschiede

 Schau dir die Bilder genau an. Im unteren Bild gibt es sechs Unterschiede. Kreise sie ein.

Hinweis: Diese Übung erfordert genaues Hinschauen.

Sportarten suchen

 Kannst du die Sportarten alle finden?
Sie stehen waagerecht und senkrecht.

TENNIS   RUDERN   FUSSBALL
BASKETBALL   REITEN   LAUFEN
BADMINTON

R	A	S	K	Z	T	B	U	L	O
B	A	D	M	I	N	T	O	N	Y
S	L	E	S	R	U	D	E	R	N
B	A	S	K	E	T	B	A	L	L
M	U	B	T	U	E	N	S	I	E
G	F	A	C	R	N	C	K	E	L
R	E	I	T	E	N	Z	O	M	Q
Y	N	M	I	F	I	B	R	S	A
W	I	F	U	S	S	B	A	L	L

Hinweis: Bei dieser Übung muss genau auf die
Buchstabenfolge geachtet werden.

17

Schilder im Park

 Schau dir das Bild genau an, und lies, was auf den Schildern steht.

Hinweis: Nicht immer genügen Form und Farbe eines Schildes. Nur genaues Lesen hilft.

⭐ **Beantworte die Fragen mit einem Häkchen (✔),
was man im Park machen darf und was nicht.**

Darf man die Enten füttern?

ja *nein*

Darf man Rad fahren?

ja *nein*

Darf man im Teich schwimmen?

ja *nein*

Darf man Abfall in den Eimer werfen?

ja *nein*

Bild und Aussage

 Lies alle Texte, verbinde dann jedes Bild mit dem passenden Textkasten.

1 Ein Mädchen hat einen gelben Ballon. Ein Junge hat einen roten Ballon. Der andere Junge hat einen blauen Ballon.

2 Ein Junge hat einen blauen Ballon. Ein Mädchen hat einen gelben Ballon. Das andere Mädchen hat einen roten Ballon.

3 Ein Junge hat einen roten Ballon. Ein Mädchen hat einen blauen Ballon. Das andere Mädchen hat einen gelben Ballon.

4 Ein Junge hat einen gelben Ballon. Der andere Junge hat einen roten Ballon. Ein Mädchen hat einen blauen Ballon.

Hinweis: Genaues Lesen und immer wieder Vergleichen sind hier gefordert.

Führe den Kalender

 Lies die Sätze unten, und male die Tätigkeit zu den richtigen Wochentagen.

Kalender		
Montag	**Dienstag**	**Mittwoch**
Donnerstag	**Freitag**	**Samstag**
		Sonntag

1 Am Dienstag geht Papa angeln. Zeichne einen Fisch in den Kalender.

2 Am Freitag hat deine Schwester Geburtstag. Male ein Geschenk.

3 Am Montag kommt dein Freund zum Spielen. Male ein Bild von deinem Freund.

4 Am Sonntag gehst du in den Zirkus. Zeichne einen lustigen Clown.

Heimweg

Auf dem Heimweg von der Schule kommt Leonie an 5 Häusern, einem Park und 3 Geschäften vorbei. Welchen Weg nimmt Leonie?

Zaubertrank

⭐ Der Zauberer braucht deine Hilfe. Mache ein Häkchen (✔) bei den Zutaten, die er schon hat, und ein Kreuz (✗), wenn noch etwas fehlt.

Krötenaugen

Fledermausflügel

Knallgas

Gebisse

grüner Schleim

Froschbeine

7 Krötenaugen ☐

6 Fledermausflügel ☐

Knallgas ☐

4 Gebisse ☐

grüner Schleim ☐

Geburtstagsfeier

⭐ Lies die Sätze, und ergänze das Bild.

1 *Male links neben jede Serviette einen Teller.*

2 *Male eine Pizza in die Mitte des Tischs.*

3 *Male einen Hund links neben den leeren Stuhl.*

4 *Zeichne eine Person auf den Stuhl.*

Obst suchen

⭐ Kannst du alle Obstnamen finden? Die Wörter können waagerecht, senkrecht, diagonal, aufwärts oder rückwärts gelesen werden.

 PAMPELMUSE   ANANAS   MELONE

ERDBEERE   BLAUBEERE   HIMBEERE

G	B	I	R	N	E	P	P	L	E
P	L	P	F	I	R	S	I	C	H
B	A	N	A	N	E	V	L	K	L
O	U	M	P	U	O	N	H	I	E
R	B	P	P	E	B	I	M	R	R
A	E	T	W	E	M	E	W	S	E
N	E	R	Y	B	L	R	C	C	E
G	R	H	E	O	E	M	U	H	B
E	E	E	N	R	F	M	U	E	D
R	R	E	G	Y	P	P	E	S	R
E	A	N	A	N	A	S	A	R	E

 BANANE

 APFEL

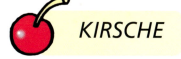 KIRSCHE

PFIRSICH

 BIRNE

ORANGE

Richtig oder falsch?

 Schau das Bild an, und beantworte die Fragen auf der rechten Seite. Mache ein Häkchen (✓) bei *richtig* oder *falsch*.

richtig   falsch

1 Das Mädchen wird heute 5.

2 Drei Jungen sind auf der Party.

3 Auf dem Boden liegen 7 Geschenke.

4 Auf dem Tisch steht eine Pizza.

Schreibe von deinem letzten Geburtstag. Hast du gefeiert? Was hast du geschenkt bekommen?

_____

_____

_____

_____

Lies laut vor.

Auf der Kirmes

Schau dir das Bild genau an. Beantworte dann die Fragen auf der rechten Seite.

1 Fährt die Achterbahn nach unten oder oben?

_____

2 Wo ist das Eis des Mädchens?

_____

3 Wer will das Eis des Mädchens essen?

_____

4 Wie viele Menschen sind gerade auf der Achterbahn?

_____

5 Was kann man beim Ballspiel gewinnen?

_____

6 Wie viele Bälle jongliert der Artist?

_____

Leseratten

 Schau dir die Titelseite der Bücher an.
Denk dir Titel für die Bücher aus.

Dieses Buch heißt:

_____

_____

Dieses Buch heißt:

_____

_____

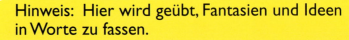
Hinweis: Hier wird geübt, Fantasien und Ideen in Worte zu fassen.

 Wie heißt dein Lieblingsbuch?

_____

Es handelt von _____

_____

Ich mag es, weil _____

 Zeichne
das Titel-
bild ab.

31

Lösungen

Seite 3

Seite 4

1) Tasche 3; 2) Tasche 2 und 3; 3) Tasche 1;
4) Tasche 1 und 3; 5) Tasche 2

Seite 6–7

1. Nina; 2. Tim; 3. Tim; 4. Nina
1. Sie gehen um 14.15 Uhr schwimmen.
2. Um 9 Uhr gehen sie ins Museum.
3. Sie gehen am Fluss spazieren.

Seite 8

Seite 9

1. zur Kirmes; 2. um 22 Uhr; 3. nichts; 4. ja

Seite 11

1. richtig; 2. falsch; 3. falsch; 4. richtig; 5. falsch

Seite 12

1. Die Maus sieht ein Stück Käse. 2. Die Katze jagt die Maus. 3. Der Hund jagt die Katze. 4. Die Maus frisst den Käse.

Seite 13

1. Das ist ein Teller voller Kekse. 2. Jetzt sind es nur noch drei. 3. Wer frisst die Kekse? 4. Ein Monster hat alle Kekse aufgefressen.

Seite 14

1. Der Zauberer sucht nach dem Rezept für ein Gebräu. 2. Er vermischt alle Zutaten. 3. Dann spricht er den Zauberspruch. 4. „Perfekt", sagt der Zauberer.

Seite 15

1. Nicki malt ein Bild für seine Oma. 2. Er steckt das Bild in einen Umschlag. 3. Dann verschickt er ihn.
4. Der Postbote holt die Briefe aus dem Kasten.
5. Ein anderer Postbote bringt den Brief. 6. Der Oma gefällt das Bild.

Seite 16

Seite 17

Seite 19

Darf man die Enten füttern? Nein. Darf man Rad fahren? Nein. Darf man im Teich schwimmen? Nein. Darf man Abfall in den Eimer werfen? Ja.

Seite 20

Seite 22

Weg c

Seite 23

7 Knötenaugen – ✗; 6 Fledermausflügel – ✗; Knallgas – ✔; 4 Gebisse – ✗; grüner Schleim – ✔

Seite 25

Seite 27

1. falsch; 2. falsch; 3. richtig; 4. richtig

Seite 29

1. nach oben; 2. auf dem Boden; 3. der Hund;
4. fünf; 5. einen Teddy-Bären; 6. fünf